Au Profit des Émigrants Alsaciens-Lorrains

LES MORTS
DE
WISSEMBOURG

DISCOURS

PRONONCÉ

Lors du deuxième Anniversaire de la Journée du 4 Août 1870

AU TEMPLE ISRAÉLITE DE WISSEMBOURG

PAR

ÉMILE CAHEN

ANCIEN RABBIN DE VERDUN (MEUSE)

Grand-Rabbin du Consistoire de Lille

TROISIÈME ÉDITION.

Prix : 50 centimes.

VERDUN

IMPRIMERIE & LITHOGRAPHIE DE CH. LAURENT

1, RUE DES GROS-DEGRÉS.

1872

Au Profit des Émigrants Alsaciens-Lorrains

LES MORTS
DE
WISSEMBOURG

DISCOURS

PRONONCÉ

Lors du deuxième Anniversaire de la Journée du 4 Août 1870

AU TEMPLE ISRAÉLITE DE WISSEMBOURG

PAR

ÉMILE CAHEN

ANCIEN RABBIN DE VERDUN (MEUSE)

Grand-Rabbin du Consistoire de Lille

TROISIÈME ÉDITION.

Prix : 50 centimes.

VERDUN

IMPRIMERIE & LITHOGRAPHIE DE CH. LAURENT

1, RUE DES GROS-DEGRÉS.

1872

2me ANNIVERSAIRE DU COMBAT DE WISSEMBOURG

I

Nous apprenons qu'un Comité, composé des notables de la ville de Wissembourg, s'est constitué pour offrir à M. Cahen, au nom des habitants de tous les cultes, une superbe coupe de vermeil, portant l'inscription suivante : *Les habitants de Wissembourg à Monsieur Emile Cahen, rabbin, souvenir affectueux, 4 août 1872.*

Moniteur universel du 13 août.
Petit Journal du 20 août.

II

Paris, le 9 septembre 1872.

Le général F. Douay à Monsieur Emile Cahen, rabbin, à Verdun (Meuse).

MONSIEUR LE RABBIN,

J'ai lu le discours que vous avez prononcé à Wissembourg à l'occasion de l'anniversaire du combat où mon très regretté frère a succombé.

Je ne saurais trop vous dire combien je vous suis reconnaissant du langage élevé, patriotique et courageux avec lequel vous avez rendu hommage à ce glorieux soldat, et je tiens à vous en adresser sans retard tous mes sentiments de profonde gratitude.

Agréez, Monsieur le Rabbin, l'assurance de mes sentiments très distingués.

Signé : Général FÉLIX DOUAY.

Besançon, le 19 septembre 1872.

MONSIEUR LE RABBIN,

Je viens de passer quelques semaines en Alsace, et c'est à mon retour que j'ai lu le discours que vous avez prononcé à Wissembourg le 4 août et qui a produit une si vive impression sur tous vos auditeurs. Dans la situation d'esprit où je me trouve, ces paroles, inspirées par un sentiment religieux si élevé et si consolant, ont apporté un grand adoucissement aux souffrances de mon cœur brisé. J'ai perdu celui qui, pendant vingt-deux ans, n'a cessé de me prodiguer la plus profonde affection qu'une femme peut désirer; accablée sous ce coup, j'ai encore perdu mon dernier enfant, image vivante de son père, dont l'intelligence et la raison me donnaient les plus belles espérances.

Combien je vous bénis, Monsieur le Rabbin, de votre pensée, de votre prière pour moi et mes enfants ! J'ai confiance qu'elle sera entendue par Celui qui a toujours soutenu votre peuple au milieu des épreuves les plus douloureuses.

Veuillez agréer, Monsieur le Rabbin, pour moi et mes deux fils, avec l'expression de nos sentiments de reconnaissance, celle de notre considération la plus distinguée.

Signé : L. DOUAY,

Veuve du général ABEL DOUAY.

LES MORTS
DE WISSEMBOURG

Le 4 août 1872, les habitants de Wissembourg, sans distinction de culte, célébrèrent en commun un service funèbre, successivement dans les trois temples catholique, protestant et israélite, pour honorer la mémoire des soldats français de tous les cultes, morts pour la Patrie.

Le discours suivant a été prononcé par M. le Rabbin de Verdun, momentanément à Wissembourg, en l'absence de M. le Rabbin de la localité.

CHERS AUDITEURS,

BIEN-AIMÉS COMPATRIOTES,

Sur la route qui conduit de Bethléem à Jérusalem, la cité sainte, le voyageur peut contempler aujourd'hui encore un simple et modeste tombeau, que les siècles ont respecté, et sur lequel passent, sans l'atteindre, les désastres des révolutions humaines. C'est l'asile où repose la plus regrettée de nos mères en Israël, que dis-je! notre mère commune, à nous fils de la Bible : RACHEL, qui du sein de la mort élève, suivant l'expression du prophète, sa voix en prière pour le bonheur de ses enfants infortunés. « Une voix se fait entendre à Rama, plaintive et éclatant en larmes amères : C'est Rachel qui pleure ses enfants et qui refuse de se consoler de leur perte (1) ! »

Au renouvellement de chaque lune, vous pourriez voir la foule des pèlerins israélites s'avancer en silence et s'agenouiller, avec respect, au pied du monument chéri. En cet instant solennel, de suaves cantiques font retentir les échos d'alentour. Il semble que des anges, descendus du ciel, soient venus se mêler à cette pieuse assemblée. La maison de Rachel n'est plus, désormais, le séjour de la mort ; elle est devenue le Temple d'Israël, la résidence de l'Etoile de Jacob : le visiteur retrouve en ces lieux le *Génie* du peuple juif.

Quant à l'israélite de la Palestine même, auquel la présence de l'étranger brise le cœur, il croit, au seul aspect de la pierre funèbre, ressaisir et sa nationalité perdue, et son temple détruit, et ses autels renversés, et ses frères exilés dont en secret il envie le sort, et ses espérances, qui chaque jour viennent échouer contre la triste et froide réalité, pour se réveiller au premier du mois, plus vivaces, au fond de son cœur.

Que vous semble, mes amis, du tableau que je viens de placer sous vos yeux? Est-il rien de plus touchant, rien de plus saisissant que ce culte rendu au *Génie* d'Israël sur le sentier du voyageur, aux portes d'une ville devenue étrangère à l'Hébreu indigène qui, lui, ne saurait s'accoutumer à saluer du nom de Patrie, une terre où de toutes parts s'offrent

(1) Jérémie, ch. XXXI, v. 15.

à son imagination attristée, les souvenirs les plus poignants de la Patrie perdue.

Pouvais-je mieux caractériser la douloureuse solennité qui vous réunit tous aujourd'hui, Enfants de la France, aux pieds des tombeaux (1), aux portes de la cité, qui à son tour, Fille inconsolable, vient d'être arrachée aux plus chères affections d'une Mère adorée.

Vous aussi, en vérité, ô Français de tous les cultes, unis par le lien indissoluble d'un vif sentiment patriotique dont vous avez déjà donné tant de preuves, vous venez en ce jour d'affliction, le deuil dans le cœur, pleurer les morts et les vivants, et vous embrasser dans une étreinte fraternelle, à l'heure cruelle de la séparation. Oh ! ne la cachez pas votre douleur ! Gardez-vous bien de comprimer au fond de votre âme les violentes émotions dont vous êtes assaillis. Donnez libre cours à vos larmes : cela fait tant de bien au cœur. Du reste, vos pleurs et vos regrets n'ont rien que de légitime : nos vainqueurs n'en jugent-ils pas ainsi du moins, puisque, à l'heure où je vous parle, ils s'inclinent encore, avec respect, devant vos préférences ou pour la terre de la Gaule, ou pour celle de la Germanie.

Pour moi, qui n'ai pas eu, grâce à Dieu, à soumettre mon cœur à cette dure alternative, je puiserai dans l'heureuse ressource qui vous est laissée, le courage, et de faire retentir sous ces voûtes sacrées quelques vérités chères à tout bon patriote, et d'apporter à vos plaies encore saignantes le baume de Galaad (1) : heureux si mes faibles paroles ont le don

(1) Monument élevé le 4 août 1872, par la ville de Wissembourg, à la mémoire du général Abel Douay et des soldats morts pour la patrie.

(1) Jérémie, ch. VIII, v. 22.

de calmer, au moins pour quelques instants, l'orage qui gronde en vos cœurs.

Merci à vous, habitants de Wissembourg, qui m'avez imposé la tâche périlleuse d'être l'interprète de votre patriotisme. Ah! si j'ai cédé à vos pressantes sollicitations, c'est, grâce à la conviction dont je suis pénétré, de ne saluer aujourd'hui que devant une assemblée vraiment française, le nom chéri de *France*, et au devoir que je me suis imposé, de chanter les Morts, sans trop blesser certains Vivants.

Mes chers Amis,

Un roi de France, dont la vie a été et sera longtemps encore un sujet de critique pour les uns, et d'éloge pour les autres, Louis XIV, faisait avant de mourir un aveu bien significatif : *«Ah! disait-il, j'ai trop aimé la guerre.»*

Oui, celui devant lequel avaient tremblé tous les souverains du monde, reconnaissait la vanité, le néant de la domination universelle; flétrissait en deux mots la soif des conquêtes, les mensonges de l'ambition, la folie de la gloire, au nom desquels des flots de sang viennent, comme à plaisir, inonder la terre.

Ah! que n'ont-ils recueilli avec piété cette loyale confession, tous les Césars de l'avenir, qui, pour je ne sais quelles inhumaines théories, se font un jeu de la vie des peuples, qu'ils lancent aveuglément, les uns contre les autres, comme on le ferait de taureaux dans l'arène.

C'est pour avoir trop aimé la guerre, que pendant toute la durée du moyen-âge, les grands de la terre traitaient avec mépris une nation tout entière, en la faisant passer après des luttes souvent forts sanglantes, de la main d'un souverain en celle d'un autre, comme on transmet un château avec ses dépendances.

C'est pour avoir trop aimé la guerre, qu'en tout temps, les maîtres de nos destinées ont essayé de réaliser les rêves de leur ambition, pour se conformer, disent-ils, aux prétendus principes de centralisation, d'agglomération des races, d'unification des langues.

C'est pour avoir trop aimé la guerre, que les Forts vous obligent d'assister aujourd'hui, victimes inoffensives, à la ruine de votre nationalité, sous le prétexte spécieux et fragile qu'il y a, entre eux et vous, communauté de langage et de mœurs.

Ministre d'un Dieu de paix et d'amour, nous n'hésitons pas à dire aux maîtres qui nous dirigent : Cessez d'aimer la guerre, non seulement pour elle-même, mais surtout pour les iniques et criminelles conséquences qu'elle amène à sa suite.

Peut-on concevoir, en effet, que l'homme, mis en possession de la Raison, consente à transformer ainsi cette haute faculté, présent de Dieu, en une arme meurtrière destinée à frapper son semblable et cela, pour se repaître de son sang? Honte à ceux qui chargent leur conscience d'une telle responsabilité, et oublient que la créature humaine, faite à l'image de Dieu, ne saurait sans crime hâter ici bas l'heure de *la mort*.

Voilà pour la Guerre !

Quant à ses tristes résultats, la cérémonie qui vous réunit tous aujourd'hui dans ce temple, les développe avec assez d'éloquence. L'Alsace, séparée des Provinces françaises, ses sœurs, pendant la tourmente du moyen-âge, venait de rentrer au dix-septième siècle au sein de la famille dont elle avait été fatalement séparée, et à laquelle la rattachaient les liens de l'affection, sa situation géographique, et ce qui surpasse tout cela, la communauté des destinées, qui jusqu'aujourd'hui même n'a cessé de briller d'un vif éclat.

Eh bien! cette pauvre Alsace n'est plus! Elle est devenue la rançon de sa propre mère, après une lutte que personne de nous ne demandait, et à laquelle nous n'avons pas applaudi avec la passion qu'on veut bien nous attribuer.

Il serait oiseux et superflu d'accumuler ici toutes les considérations de nature à faire crouler l'échafaudage chancelant des traités ethnographiques, à l'aide desquels on essaye de justifier les malheurs qui vous ont atteints. Cette journée, en effet, n'est pas consacrée à la lutte, mais à la *mort*, c'est-à-dire à l'abnégation, à la résignation, au sacrifice. Cette chaire d'où retentissent, en d'autres temps, les divines exhortations du Sinaï, ne saurait être, sans blasphème, convertie en tribune. Je ne cherche donc aujourd'hui ni à raviver les plaies dont saigne votre cœur, ni à semer au milieu de vous des idées de haine, de révolte, de vengeance. Je veux être au contraire la lumière qui éclaire; je veux que vous vous présentiez devant nos vainqueurs, non avec des armes, mais avec des *vérités* à la main : à la force opposez le droit. Et, puisque je parle dans l'enceinte consacrée au Dieu d'Israël, permettez-moi, chers compatriotes de tous les cultes, de présenter à vos méditations un seul argument, que je puiserai dans l'histoire de nos pères, qui, eux, sans contredit, ont souffert assez longtemps des violences d'autrui. Je vous prie d'en tirer et de vous l'attribuer à tous, la conclusion à laquelle il tend.

A ceux donc, ô mes frères, qui vous disent : « Pour-

« quoi pleurer la France? ne retrouvez-vous pas une « autre patrie, dont vous aimez et cultivez si bien la « langue? » Voici la réponse que je vous engage à leur communiquer :

Il y a bientôt 4000 ans, un homme, qui à la vérité ne fit pas grand bruit dans le monde, mais dont le nom pour la Synagogue est synonyme de foi, lumière et science, Heber, dota ses descendants de cette langue harmonieuse (1) que ceux-ci cultivèrent longtemps en Palestine, et transportèrent ensuite avec eux sur toute la surface du globe, et sous quelque latitude, que la Providence fit arrêter leurs pas.

Fort de cette communauté d'origine et de langue, on a plus d'une fois conçu le rêve chimérique de réunir tous ces éléments dispersés, pour les replacer dans leur patrie originelle : l'unité de langage étant, disait-on, un non moins puissant auxiliaire pour la réalisation de ce vœu, que l'unité de foi.

Or, mes frères, si, par un de ces caprices du sort auquel nous ne croyons pas, est-il besoin de le dire? quelque monarque israélite puissant, redoutable et sur terre et sur mer, désirait s'adjoindre un nombre respectable de sujets, non pour *adorer Dieu en nombreuse et puissante compagnie* (1), mais pour arrondir son domaine impérial; si, nouveau Moïse, il faisait un nouveau dénombrement de la race amie de la langue d'Héber; s'il obtenait enfin de puissances consignataires le traité fatal qui arracherait à leur patrie respective les adorateurs du rouleau hébraïque; oui, si un tel évènement devait se produire, quelle serait notre conduite, à nous Israélites?

(1) La langue *hébraïque* (d'*Héber*, père des *Hébreux*.)

(1) Psaume ch. xxxv, v. 18.

Ah ! je crois les entendre, les chants d'allégresse retentir dans les tentes de Jacob. Il semble qu'à cette nouvelle les ténèbres aient fait place à la lumière ~~et l'allégresse à la désolation.~~ Mais où donc, mon Dieu ! Là bas, là bas, bien loin, sur cette terre de malheur, qui a nom *Roumanie,* et que j'appellerai sans crainte l'enfer des Juifs sur la terre. Qui parmi ceux-ci ne s'empresserait de présenter et ses titres à l'expatriation, et le rouleau hébraïque que Dieu prescrit à chacun de nous d'écrire de sa propre main au moins une fois dans sa vie (1)?

Mais, nous, Israélites de l'occident, nous nous révolterions à la pensée qu'on puisse, un instant seulement, à l'aide d'arguments de grammaire, exercer un droit quelconque sur notre liberté. Et vous entendriez nos frères d'Allemagne, les premiers, s'écrier : Eh quoi ! vous nous invitez à retourner au sein d'une Patrie dont, il est vrai, *nous aimons et cultivons la langue !!!* Mais notre patrie réelle, effective, ne la comptez-vous pour rien? Mais le toit paternel, mais le champ où reposent un père, une mère, une épouse adorés; mais les souvenirs charmants de l'enfance, les aimables illusions de la jeunesse, les maîtres vénérés qui formèrent notre âme; mais les vieilles et solides amitiés, les liens de la reconnaissance ; mais enfin le drapeau à l'ombre duquel nous avons combattu au jour du danger : il faut donc tout oublier, tout briser, tout proscrire ! déclarer illusions, rêveries, fantaisies, abstraction, mensonges, ce qui constitue tout notre être, toute notre vie ! Non, nul ne saurait exiger de nous un tel sacrifice; Dieu seul

(1) Deutéronome, chap. XXXI, v. 19.

serait capable de nous lier par un semblable traité! (1).

Eh bien! mes frères, c'est le langage, que certes, vous tenez tous, et en présence d'une alternative assurément beaucoup plus pénible.

Oui, il est une Patrie que vous êtes contraints de quitter par la force inexorable d'un traité, et cette patrie s'appelle la *France!* Le lambeau de terre avec lequel on vous arrache à l'affection de vos compatriotes, c'est celui où pour la première fois vous avez été accueillis avec amour, alors que, proscrits et persécutés, vous ne trouviez dans toute l'Europe aucun point fixe pour y reposer vos pas incertains; c'est le pays où depuis 80 ans votre mère n'a cessé de défendre le faible et l'opprimé, de verser le plus pur de son sang pour la cause de l'indépendance des peuples; de proclamer les grands principes de l'égalité devant la loi, de la liberté de conscience, du libre exercice de tous les cultes, et dont les échos retentissent encore, pour nous israélites, des mâles accents de Mirabeau et de l'abbé Grégoire!!

Voilà le beau pays que vous pleurez aujourd'hui : vous, mes frères, et vous aussi, amis de toutes les confessions.

Ah! je les conçois, les saintes palpitations de votre cœur! je les éprouve moi-même, les tortures de votre âme succombant à une lutte qui excède ses forces. Je crois vous entendre tous, d'un commun accord, répéter à notre France les belles paroles de la pieuse Ruth à la malheureuse Noémi!

« O je ne puis t'abandonner! Partout où tu iras,
« j'irai ; là où tu séjourneras, je séjournerai ; ton peu-

(1) L'Eternel inscrit dans les annales des peuples : Tel peuple appartient à telle Patrie. Psaume 87, v. 6.

« ple sera mon peuple, ton *Génie* mon *Génie;* avec « toi je suis fier de succomber; pour toi je consens à « mourir. »

Aussi ne puis-je me bercer à l'idée que dans ce siècle de lumière et de civilisation, dont on ne peut méconnaître la grandeur, on puisse ainsi faire violence à tous les sentiments de la nature humaine. L'expérience, du reste, démontrera peut-être un jour à nos vainqueurs, qu'une fatale erreur a été commise, et que les temps ont disparu où l'on revendiquait les pays libres, sans tenir compte de leurs aspirations et de leurs vœux.

Pour le moment, courbons-nous devant la destinée qui a amené sur notre France les épreuves que certes elle n'a pas méritées. Il ne vous sera malheureusement pas donné à tous, ô mes amis, de retrouver ailleurs votre nationalité perdue. Mais, si vos nouveaux maîtres ont le droit d'exiger de ceux qui restent, soumission, respect, reconnaissance des faits accomplis, il n'existe pas de force sur la terre qui puisse condamner comme criminels la vénération, le culte de la gratitude que ceux-ci continueront à professer vis-à-vis d'une mère généreuse, et les juger coupables de fêter, sinon publiquement, au moins dans les profondeurs de leur cœur, la vaillante Cohorte qui, dans la journée du 4 août 1870, a versé son sang pour l'indépendance de votre territoire.

Quelles victimes, en effet, ont jamais été plus dignes de votre souvenir! Quels héros combattirent pour un plus beau prix : Wissembourg, la clef, le boulevard de la France, en moindre nombre contre un ennemi plus puissant. GEDEON, LEONIDAS, DOUAY! ces noms rappellent, pour nous tous, et pour vous surtout, ô chers Wissembourgeois, des luttes mémorables. Leur force, à eux et à leurs braves soldats, consista dans la vertu, l'abnégation, le sacrifice. Ils firent de la gloire acquise par leur dévouement, une couronne immortelle dont ils ceignirent la terre de France !

Non, vous n'êtes point morts, héros de Wissembourg ! On ne saurait vous appliquer ce mot, à vous qui avez consenti à cesser de vivre pour atteindre un but glorieux; qui avez échangé votre vie contre l'honneur du drapeau. La mort est possible pour d'autres, mais pour vous elle n'est point l'anéantissement, elle est le principe d'un grand bien : le patriotisme, en effet, divinise les vaillants, qui savent verser leur sang pour leur pays.

Oui, habitants de Wissembourg, en tout temps ces braves seront votre consolation, votre orgueil, au milieu de la tristesse qui vous enveloppe. Vous vivrez avec eux, et comme l'écrivain sacré chantant la mort de Saül et de Jonathan, on dira de vous : *ô les amis, les fidèles, ils sont inséparables dans la vie et dans la mort* (1).

Inséparables dans la mort :

Ah ! mes amis, supposez un instant avec moi que toute la génération actuelle, spectatrice des combats de Wissembourg, vienne à disparaître; que votre cité chérie se transforme en une cité nouvelle, où les mœurs, les usages, la langue, n'auraient plus rien qui rappelle la terre de France; qu'enfin l'avenir ait réservé toutes ses faveurs aux fils de vos vainqueurs; eh bien ! alors, alors même, le soleil, qui se lèverait sur Wissembourg, éclairerait encore de ses rayons le sol français. Là bas, dans le champ du repos où dans

(1) Samuel, l. II, ch. I, v. 24.

quelques instants vous irez tous à l'envi, déposer les couronnes de l'amour, du regret, du souvenir, là, vous retrouverez votre vieille et antique cité.

Transportez-vous en effet avec moi, par la pensée, au milieu de ce sanctuaire de la mort. Ne vous semble-t-il pas que les flancs de la terre s'entr'ouvrent sous vos yeux, pour laisser apparaître l'image radieuse, souriante du Génie de la France? Ah! oui, c'est elle-même, notre Mère bien-aimée! oui, je l'entends redire aux échos lointains de la cité étrangère :

C'est en vain que vous vous agitez, ô Peuple! En vain, vous vous êtes acharné sur moi, pauvre victime, vous n'avez pu me déchirer tout entière. Vos coups n'ont pu m'atteindre : ne suis-je pas ici dans une citadelle inexpugnable? je foule le sol de la Patrie. Oui, ils sont là, les vaillants, les héros : je puis les couvrir de mes baisers; bien plus, je puis, quand il me plaît, les invoquer, que dis-je? les faire sortir de leurs tombeaux. A moi, nobles victimes! secouez la poussière qui vous enveloppe; serrez-vous autour de mon drapeau, refugiez-vous à l'ombre de mon aile protectrice. Attestez, à la face du monde, ô gardiens de Wissembourg, que vous êtes impérissables, et que vous veillez sur cette terre comme jadis l'Eternel veilla sur le buisson ardent, dont le feu inextinguible inondait le sol de sa lumière. Dites aux profanes, qui tenteraient de franchir la sainte limite, la parole qui autrefois se fit entendre à Moïse : *Retire ta sandale, ô mortel, car la terre, que tu foules de tes pieds, est consacrée* A LA FRANCE. Entonnez ce cantique des braves qui m'enivre de joie et d'espérance :

Nous avons succombé en France et pour la France, dans le Passé;

Nous reposons en France et pour la France, dans le Présent;

Nous nous réveillerons en France et pour la France, dans l'Avenir.

Car nous ne craignons rien : on peut tout proscrire, tout briser, tout détruire, tout anéantir; une seule chose est impossible ici-bas : on ne saurait exproprier les Morts!

Et maintenant, frères et sœurs de tous les cultes, ouvrons nos cœurs à la prière; adressons ensemble à Dieu nos vœux et nos supplications pour le repos des bienheureux que nous fêtons aujourd'hui :

Seigneur, notre Dieu, souverain Maître de l'univers, nous venons à cette heure solennelle rappeler devant toi le souvenir de nos frères, ces braves et valeureux Français qui ont succombé pour la défense de leur pays.

O Dieu de miséricorde, toi qui tiens entre tes mains l'âme des vivants et des morts, nous t'en supplions aujourd'hui, accueille avec amour au pied de ton trône auguste ces âmes bien-aimées et chéries, qui nous ont quittés pour entrer dans un monde meilleur. Daigne leur accorder la paix des justes, dans les régions supérieures, là où tout est lumière, où tout est félicité. Reçois-les en faveur de ton saint nom, sous ton aile protectrice; comble-les de tes faveurs. Pardonne les péchés qu'ils ont pu commettre ici bas, et souviens-toi seulement de leurs vertus, de leur dévouement, de leur sacrifice. Jette un regard de bienveillance, sur la veuve éplorée! (1) Que le souvenir

(1) Madame Douay.

de son vaillant époux soit pour elle une source de consolations, un adoucissement à sa juste douleur. Protège les malheureux enfants que la mort de tous ces héros plonge dans la désolation; fais sécher les larmes de leurs mères qui implorent ta pitié. Qu'ils sachent que les biens de la vie future sont infinis; que ce monde n'est qu'un monde de misère et de souffrance, où la puissance est éphémère, la richesse fragile; et que toutes les délices de la terre ne sont rien à côté des joies du ciel.

Inspire, Seigneur, à ceux qui ont reçu de toi la mission de régir les peuples, des pensées généreuses, et l'amour de l'humanité. Fais descendre sur eux ton esprit divin; éclaire leur intelligence afin qu'ils nous conduisent dans le chemin de la vie, et non vers le gouffre de la mort.

Réalise pour nous les promesses transmises par tes prophètes, qu'un jour viendra où la « *brebis paîtra aux côtés du loup,* » et où les peuples ne seront plus occupés à forger le fer des combats, mais tourneront leurs facultés vers les engins pacifiques, source de consolation, de bien-être, de richesses.

Dormez donc en paix dans la poussière, ô soldats français; notre cœur n'a pas besoin de monuments, pour ne pas vous oublier. Dormez en paix sous la pierre funèbre, jusqu'au jour où il plaira à Dieu de vous ressusciter à la vie, ainsi qu'il est écrit :

« Oui, je sais que mon Rédempteur est vivant et qu'à la fin il me ressuscitera de la terre (1). »

AMEN.

(1) Job, ch. XIX. v. 25.

Verdun. — Imp. de Laurent.

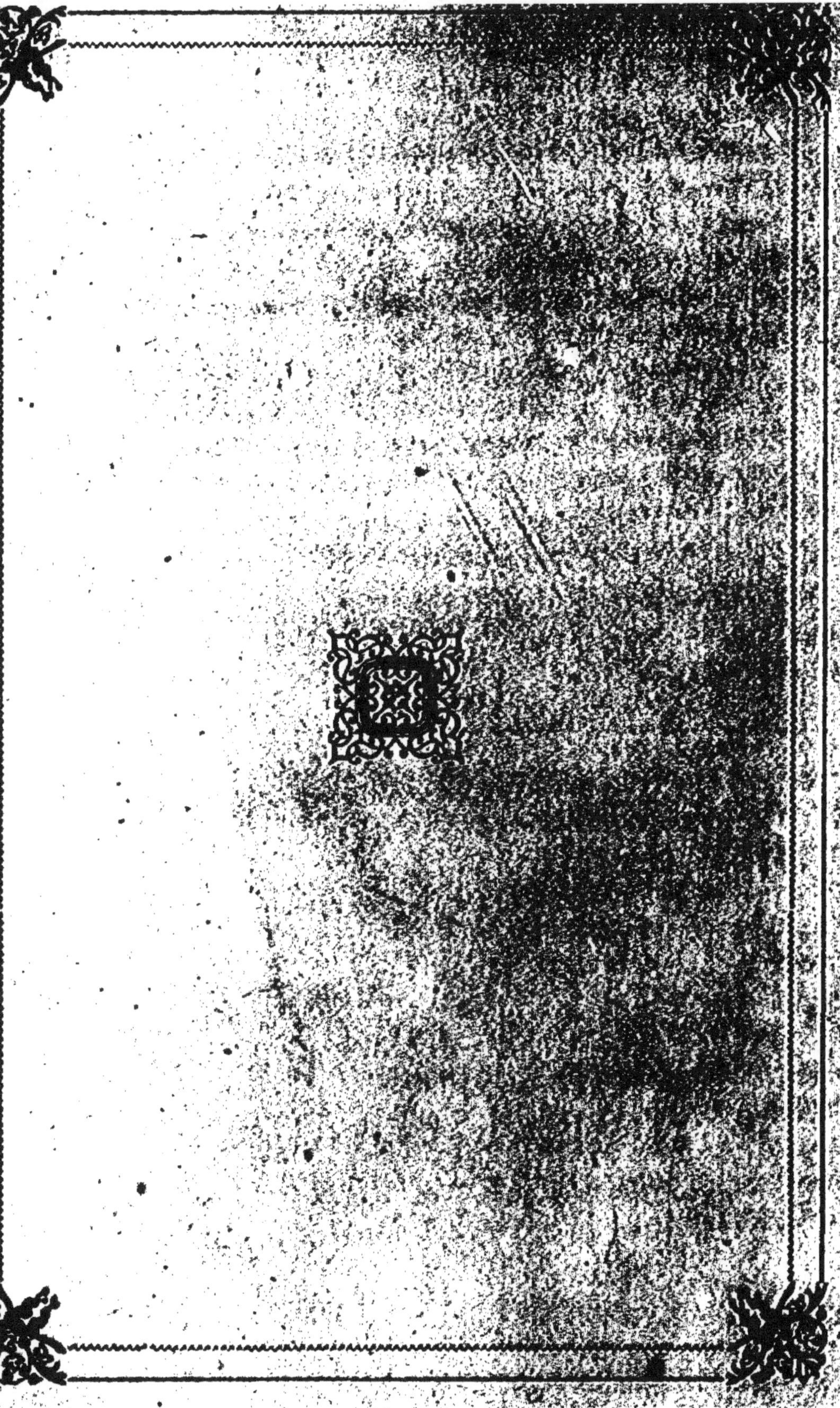

www.ingramcontent.com/pod-product-compliance
Lightning Source LLC
LaVergne TN
LVHW010301230826
846091LV00007B/3080

9782013695091